Angst

Der ultimative Leitfaden für Anfänger, um Ihr ängstliches Gehirn neu zu vernetzen & zu trainieren und Panikattacken zu beenden – Tägliche Strategien, um Ihre ständigen Angstzustände, Ängste und Sorgen endlich zu überwinden und zu stoppen.

Von Freddie Masterson

Für weitere Bücher besuchen Sie bitte:

HMWPublishing.com

Ein anderes Buch kostenlos erhalten

Ich möchte Ihnen für den Kauf dieses Buches danken und Ihnen ein weiteres Buch (genauso lang und wertvoll wie dieses Buch), „Gesundheits- & Fitnessfehler, von denen Sie nicht wissen, dass Sie sie machen", völlig kostenlos anbieten. Leider ist dieses Buch nur auf Englisch erhältlich. Wir hoffen immer noch, dass Ihnen dieses Geschenk gefällt.

Besuchen Sie den folgenden Link, um sich anzumelden und es zu erhalten:

www.hmwpublishing.com/gift

In diesem Buch werde ich die häufigsten Gesundheits- und Fitnessfehler, die Sie wahrscheinlich gerade machen, aufschlüsseln und aufzeigen, wie Sie leicht zum besten Teil Ihres Lebens gelangen können.

Zusätzlich zu diesem wertvollen Geschenk haben Sie auch die Möglichkeit, unsere neuen Bücher kostenlos zu bekommen, an Gewinnspielen teilzunehmen und andere wertvolle E-Mails von mir zu erhalten. Besuchen Sie den Link, um sich anzumelden: www.hmwpublishing.com/gift

Inhaltsverzeichnis

Einführung 7

Kapitel 1: WIE FUNKTIONIERT DER ÄNGSTLICHE VERSTAND ? 11

Neurotransmitter und Angstzustände 11

Angstzustände und Hirnaktivierung 13

Angst und Hormone 15

Adrenalin / Epinephrin 16

Schilddrüsenhormon 16

Panikattacken und das Gehirn 17

Weitere Verbindungen 17

Behandlung von Angstzuständen, wenn sie eine Hirnursache haben 18

KAPITEL 2: DIE NEUROWISSENSCHAFTEN DER ANGST 20

Was passiert mit Ihrem Gehirn, wenn Sie Angst haben? 20

Ist Angst angeboren oder gelernt? 23

Was sind die wesentlichen Ängste der Menschen? 26

KAPITEL 3: UMGANG MIT DER ANGST 28

Warum ist Angst so mächtig? 29

Die Kraft eines ängstlichen Geistes nutzen. 32

Kontrollieren Sie die Angst, lassen Sie sich nicht von der Angst kontrollieren! 32

Seien Sie geduldig! 34

Beobachten Sie einfach 35

Vertrauen Sie Ihrer Angst. 35

Vertrauen Sie immer sich selbst 37

Kennen Sie Ihre Angst 37

KAPITEL 4: ENTLASTUNG VON SORGEN, ANGSTZUSTÄNDEN UND ANGST 44

Warum ist es schwer aufzuhören, sich Sorgen zu machen? 44

Regel # 1 – Eine Zeit der Besorgnis schaffen 46

Regel #2 – Ist das Problem lösbar? 50

Regel # 3: Fordern Sie Ihre ängstlichen Gedanken heraus. 55

Kognitive Verzerrungen, die mehr zu Angst, Stress und Sorgen beitragen. 57

Regel # 4 - Akzeptieren Sie Unsicherheit 60

Regel # 5 – Achten Sie auf andere. 62

Regel # 6 – Üben Sie Ihre Achtsamkeit. 64

KAPITEL 5: NAHRUNGSMITTEL, DIE IHNEN HELFEN, ANGST ZU ÜBERWINDEN. 67

Einbeziehung von Lebensmitteln, die reich an Omega-3-Fettsäuren sind. 68

Nehmen Sie eine gesunde Menge an komplexen Kohlenhydraten auf. 68

Entscheiden Sie sich für Kamillentee 69

Konsumgüter mit hohem Tryptophangehalt 69

Essen Sie Lebensmittel, die reich an Vitamin B sind. 70

Fügen Sie Ihrem Frühstück Protein hinzu 71

Bleiben Sie hydratisiert 72

Zu vermeidende Lebensmittel 72

Reduzierung des Anteils an Omega-6-Fettsäuren 72

Vermeiden Sie Alkohol 73

Reduzieren Sie Koffein 74

Vermeiden Sie einfache Kohlenhydrate und Zucker. 75

Managen von Lebensmittelempfindlichkeiten 75

Integrieren Sie andere Aktivitäten, um Ihre Angst auf natürliche Weise zu bewältigen. 76

Nahrungsergänzungsmittel 76

Bewegung 77

Genügend Schlaf 83

Besuchen Sie Ihren Arzt 84

Fazit **86**

Schlussworte **88**

Über den Co-Autor **90**

Einführung

Es wäre überraschend zu wissen, dass das Gehirn die Quelle der Angst ist. Angst manifestiert sich nicht nur in Dingen, die den Geist durchdringen, sondern beeinflusst auch die Chemie des Gehirns so, dass sie zukünftige Gedanken verändern und damit die Funktionsweise des Körpers beeinflussen kann.

Wie Sie wissen, kann Angst eine beunruhigende Erkrankung sein. Sie können körperliche Symptome spüren, obwohl Sie sich nicht ängstlich fühlen. Das kann Sie dazu bringen, auf die Ereignisse des Lebens einzuwirken, da es Ihr Verhalten verstärkt.

Dieses Buch, „Angstzustände: Der ultimative Leitfaden für Anfänger, um Ihr Gehirn neu zu vernetzen & zu trainieren, um Panikattacken, Ängsten und Sorgen ein Ende zu setzen (Neurowissenschaften, Panikattacken bewältigen) ", führt Sie durch das Folgende:

- ✓ Wie Sie Ihr Bewusstsein kontrollieren und seine Kraft zu Ihrem Vorteil gegenüber Angstproblemen entfesseln können.

- ✓ Managen und kontrollieren Sie Panikattacken, Ängste, Sorgen und Stress.

- ✓ Verstehen Sie, wie ein richtiger Lebensstil Ihnen helfen kann, Angst zu bekämpfen.

Darüber hinaus befasst sich dieses Buch mit den Bedürfnissen von Menschen, die aufgrund der Art ihrer Arbeit, einer früheren traumatischen Erfahrung, insbesondere in der Kindheit, anfällig für Angstattacken sind, und von Menschen, die eine psychische Störung haben, die auf einen niedrigeren emotionalen Quotienten (EQ) hinweist.

Bevor Sie beginnen, empfehle ich Ihnen, sich für unseren E-Mail-Newsletter anzumelden, um über neue Buchveröffentlichungen oder Werbeaktionen informiert zu werden. Sie können sich kostenlos anmelden und erhalten als Bonus ein kostenloses Geschenk: unser Buch „*Gesundheits- & Fitnessfehler, von denen Sie nicht wissen, dass Sie sie machen*"! Dieses Buch wurde geschrieben, um zu entmystifizieren, die wichtigsten Vor- und Nachteile aufzudecken und Sie endlich mit den Informationen auszustatten, die Sie benötigen, um sich in der besten Form Ihres Lebens zu befinden. Aufgrund der überwältigenden Menge an Fehlinformationen und Lügen, die von Magazinen und selbsternannten „Gurus" erzählt werden, wird es immer schwieriger, zuverlässige Informationen zu erhalten, um in Form zu kommen. Im Gegensatz zu dutzenden von voreingenommenen, unzuverlässigen und nicht vertrauenswürdigen Quellen, um Ihre Gesundheits- und Fitnessinformationen zu erhalten. In diesem Buch ist alles aufgeschlüsselt, was Sie brauchen, damit Sie es leicht nachvollziehen und sofort Ergebnisse erzielen können, um Ihre gewünschten Fitnessziele in kürzester Zeit zu erreichen..

Um unserem kostenlosen E-Mail-Newsletter beizutreten und ein kostenloses Exemplar dieses wertvollen Buches zu erhalten, besuchen Sie den Link und registrieren Sie sich jetzt: www.hmwpublishing.com/gift

Kapitel 1: WIE FUNKTIONIERT DER ÄNGSTLICHE VERSTAND ?

Angst kann im Laufe eines Lebens jederzeit auftreten und kann durch jahrelange Erfahrung geschmiedet werden; einige Menschen werden jedoch mit einem abnormen Ungleichgewicht bei der Erzeugung bestimmter Neurotransmitter geboren, einer Substanz, die bestimmte Körperfunktionen und emotionale Aspekte steuert. Unabhängig davon, ob Ihre DNA anfällig für Angststörungen ist, ist es wichtig zu wissen, dass es heilbar ist.

Neurotransmitter und Angstzustände

Im Inneren des menschlichen Körpers haben wir diese Chemikalien, die Botschaften an unser Gehirn senden, wie wir die Dinge wahrnehmen. Diese Sender sind mit

Angstzuständen aufgrund von hormonellen Veränderungen wie Serotonin, GABA und Noradrenalin verbunden. Auch Dopamin spielt eine wichtige Rolle, da es eine beruhigende Wirkung auf Menschen mit Angstsymptomen hat.

Die Ursache und Wirkung der Neurotransmitterproduktion ist schwer zu bestimmen, und es ist oft unmöglich, ein schlechtes Neurotransmittergleichgewicht aus Lebenserfahrung und ein Neurotransmittergleichgewicht aus der Genetik zu unterscheiden. Beide können bei einer Person auftreten, die mit Angst lebt, und es gibt einige Fälle, in denen beide für die Symptome der Angst verantwortlich sein können.

Angstzustände und Hirnaktivierung

Angststörung besteht aus zwei verschiedenen Teilen, und es ist möglich, dass eine Person mit Angst von einem oder beiden Teilen betroffen ist.

Im ersten Teil gibt es mentale/nervöse Gedanken und verbale Anliegen. Der andere Teil ist körperlich, wie ein beschleunigter Herzschlag, Schwindel, Panikattacken, Schwitzen und andere körperliche Anzeichen zeigen.

Forscher haben festgestellt, dass Menschen mit Angstgedanken jedes Mal, wenn sie sich nervös fühlten, mehr Aktivität im linken Gehirn gezeigt haben, während diejenigen, die körperliche Symptome ausgedrückt haben, Aktivität im rechten Gehirn gezeigt haben.

Eine aktuelle Forschungsstudie zur Spinnenphobie hat die Reaktion von Teilnehmern beobachtet und analysiert, die sich mit Spinnenangst „selbst identifiziert" haben, weil sie erwarteten, ihrer Angst mit einer direkten Exposition gegenüber dem Insekt zu begegnen. In den Studienergebnissen wurde festgestellt, dass bei bestimmten Individuen ihr anteriorer cingulärer dorsaler Kortex (CCA), Thalamus und Insula aktiver wurde als diejenigen, die keine ängstliche Reaktion auf die Idee geäußert hatten, einer echten Spinne gegenüberzustehen.

Eine weitere Studie der University of Wisconsin-Madison ergab auch, dass Menschen mit generalisierter Angststörung eine schwächere Verbindung zwischen der weißen Substanz des Gehirns und der präfrontalen und vorderen Hirnrinde zu haben schienen. Im Vergleich zu denen ohne generalisierte Angststörung, bei denen das Ergebnis signifikanter zu sein schien.

Im Folgenden werden die verschiedenen Möglichkeiten erläutert, wie Angst das Gehirn aktivieren kann.

Angst und Hormone

Ein hormonelles Ungleichgewicht kann zu Angstzuständen führen, die auch die Gehirnchemie, die Produktion von Neurotransmittern und das allgemeine emotionale Gleichgewicht beeinflussen können. Wenn es also ein Ungleichgewicht der Hormone zu geben scheint, kann es zu Ängsten kommen. Als solches betrachten wir nun die Hormone, die das Gehirn signifikant beeinflussen können.

Adrenalin / Epinephrin

Dieses Hormon gilt als eine der häufigsten Ursachen für Angstzustände. Dieses Hormon wird freigesetzt, sobald sich die Person im Kampf- oder Flugmodus befindet. Es kann zu einer Erhöhung der Herzfrequenz, der Muskelspannung und vielem mehr beitragen. In anderen Fällen können Angst und Langzeitstress Ihre Fähigkeit, Adrenalin zu kontrollieren, beeinträchtigen und somit mehr Angstsymptome hervorrufen.

Schilddrüsenhormon

Schilddrüsenhormone regulieren die Produktion von Gamma-Aminobuttersäure (GABA), Serotonin und Noradrenalin und verteilen sie an das Gehirn. Daher kann eine überaktive Schilddrüse das Risiko erhöhen, Angst zu entwickeln. Mehrere Hormone können Stress verursachen, und jede Veränderung der Gehirnchemie kann die Hormonproduktion erhöhen, was zu mehr Angstsymptomen führen könnte.

Panikattacken und das Gehirn

Studien bestätigten, dass Menschen mit Panikattacken überaktive Mandeln haben. Obwohl nicht klar ist, was die Ursache für diese Überaktivität ist, bleibt die Tatsache bestehen, dass dieser spezielle Bereich im Gehirn die Kontrolle über die Erfahrung der Panikattacke hat.

Weitere Verbindungen

Studien berichteten, dass, wenn Angst nicht behandelt wird, der dorsomediale präfrontale Kortex, Hippocampus, anteriore Zingulat, der dorsolaterale präfrontale Kortex und der orbitale frontale Kortex an Größe zu verlieren scheinen. Je länger Ihre Angst unbehandelt bleibt, desto kleiner und schwächer werden sie.

Interessant ist, dass diese Veränderungen nicht nur Angstsymptome betreffen, sondern auch ängstliche Gedanken hervorrufen. Menschen, die unter Angstzuständen leiden, gehen davon aus, dass ihre Art zu überdenken, Situationen zu analysieren, rein natürlich ist, aber in Wirklichkeit trägt das Gehirn zu dieser Art von negativem Denken bei..

Behandlung von Angstzuständen, wenn sie eine Hirnursache haben

Es ist auch üblich für Menschen, die eine schwierige Zeit mit einer Angststörung durchmachen, sich depressiv zu fühlen, als Folge der Art und Weise, wie die Angst ihr Leben stört. Bei richtiger Behandlung ist das menschliche Gehirn jedoch unglaublich anpassungsfähig, da es positiv auf die Überwindung von Sorgen und negativen Gedanken reagieren kann.

Es gibt viele Möglichkeiten, Stress zu überwinden und Ihr Leben zurückzugewinnen, wie z.B. Beständigkeit und Geduld. Die Verwendung der richtigen Entspannungswerkzeuge ermöglicht es Ihnen, Ihre Angst zu kontrollieren.

KAPITEL 2: DIE NEUROWISSENSCHAFTEN DER ANGST

Sie können Horrorfilme ansehen: Zombie-Apokalypse, Mordgeheimnisse, Action-Abenteuer und Spannung. Aber was bringt Sie dazu, diese Horrorfilme zu sehen, wenn Sie wissen, dass Sie Angst davor haben?

Was passiert mit Ihrem Gehirn, wenn Sie Angst haben?

Jedes Jedes Mal, wenn Sie einer unheimlichen Situation ausgesetzt sind, aktivieren Sie automatisch Ihre Kampf- oder Fluchtreaktion. In diesem Zustand produziert Ihr Körper Adrenalinhormone, die Ihre übernatürliche Kraft verleihen können, da dies in einer typischen Situation nicht möglich wäre.

Im Jahr 2008 veröffentlichte The Journal of Neurology, dass die Überflutung des Gehirns mit Dopamin auch Verhaltensweisen beeinflusst, die auf Angst und Paranoia bei Ratten hinweisen. Da Dopamin auch mit Lust verbunden ist, kann es, wenn dieses Hormon in Angstszenarien zusammen mit dem so genannten „Adrenalin- und Endorphinfieber" freigesetzt wird, ein erhöhtes oder hohes Empfinden hervorrufen. Einige Leute genießen diese Art von Gefühl.

Die meisten Menschen mögen es nicht, durch beängstigende Situationen zu gehen. Wenn wir Spannungs- und Horrorfilme sehen, verarbeitet unser Gehirn schnell die übertragenen Informationen und erkennt, dass die Bedrohung nicht real ist. Dann, wenn unsere Sinne eine Antwort auf Angst auslösen, als ob wir auf einer lustigen Reise von unseren Sitzen gezogen würden, erkennt unser Gehirn sofort, dass es keine echte Gefahr gibt, sondern dass wir uns in einer sicheren Situation befinden.

Obwohl Psychologen kein Angstzentrum im Gehirn identifizieren konnten, ist die Amygdala zwischen den Schläfenlappen irgendwie für die Verarbeitung von Angst- oder Bedrohungssituationen verantwortlich. Tiere mit beschädigten Mandeln gelten als sanfter und zeigen weniger Kampf- oder Fluchtreaktionen. Bei der Einführung von Bedrohungen wird die neuronale Aktivität in der menschlichen Amygdala beobachtet, zusammen mit einem Anstieg der Herzfrequenz.

1995 unterstützte eine Studie des Journal of Neuroscience die Aufdeckung der dominanten Rolle der Amygdala bei der Reaktion auf Angst. Es wurde eine Studie an einer Frau mit einer seltenen genetischen Störung, „Urbach-Wiethe", durchgeführt, einer Krankheit, die ihre Amygdala zur Kontraktion und Verkalkung veranlasste. Wie bereits erwähnt, zeigte SM keine Anzeichen von Angst und konnte den Ausdruck von Angst in alltäglichen Angstsituationen nicht erkennen, auch wenn sie von tödlichen Schlangen umgeben war.

Ist Angst angeboren oder gelernt?

Einige Ängste sind angeboren, wie die Angst vor Ihrem ersten Auftritt vor einem großen Publikum, auch wenn Sie wissen, dass Sie gut damit umgehen können. Sie müssen jedoch vor einem kleineren Publikum auftreten. Wir sind abhängig von der Angst vor dem Überleben, sonst wären wir konditioniert, Dinge zu fürchten, die keine Angst haben.

In den Ergebnissen des Experiments „Little Albert", einem berühmten emotionalen Konditionierungsexperiment von 1920, wurde festgestellt, dass Angst gelernt werden kann. Ein 9 Monate altes Baby namens Albert wurde konditioniert, um haarige Gegenstände zu fürchten, so wie Pavlov mit Hunden experimentierte.

In diesem Experiment wurde Albert Tieren und pelzigen Gegenständen ausgesetzt. Die Experimentatoren gaben dem Kind eine weiße Ratte zum Spielen, mit der das Baby Spaß hatte. Zu diesem Zeitpunkt zeigte Albert keine unangenehme Reaktion auf das Tier. Nach mehreren erfolgreichen Tests schlugen die Experimentatoren auf eine mit einem Hammer hängende Stahlstange und verursachten ein lautes Geräusch, als Albert versuchte, die Ratte zu berühren. Der Akt wurde mehrmals wiederholt, bis die Tiere und Gegenstände, die einst eine Quelle der Freude und Neugierde waren, zu einem beängstigenden Auslöser für das Baby wurden. Schließlich entwickelte er eine Angst vor allen haarigen Gegenständen, einschließlich Pelzmänteln, einem Kaninchen und sogar der bärtigen Maske des Weihnachtsmanns für das Kind.

Unsere Ängste können auch von früheren Kindheitserfahrungen abhängen, insbesondere von solchen, die traumatisch waren. Zum Beispiel sind Hundebisse und Hundeangriffe traumatische Ereignisse und können emotionale Folgen haben, die die Opfer jahrelang treffen können.

Wann immer unsere Emotionen hoch sind, arbeiten die Chemikalien in unserem Gehirn daran, die Erinnerungen an die Situation zu stärken.

Was sind die wesentlichen Ängste der Menschen?

Eine Gallup-Umfrage von 2001 unter 1.000 US-Erwachsenen ergab, dass etwa 51% der Teilnehmer Schlangen fürchten, zusammen mit öffentlichen Reden, Höhen, geschlossenen Räumen und so weiter. Die Antworten zeigten, dass Frauen eher Angst vor Reptilien und Insekten haben, während Männer mehr Angst haben, zum Arzt zu gehen.

Eine von Yahoo durchgeführte Multi-Source-Umfrage unter 20.000 Freiwilligen ergab 2015 ein etwas anderes Ergebnis. Die drei Hauptphobien gingen weiter zur Höhenangst (Akrophobie), zur Angst vor Spinnen (Arachnophobie) und zur Angst vor engen Räumen (Klaustrophobie). Andere Ängste, die in den Top-10 Phobien enthalten waren, sind:

- Tiefseeangst (Thalassophobie)
- Angst vor öffentlichem Reden (Glossofobie)
- Angst vor Nadeln (Tripanophobie)

- Angst vor Schmetterlingen (Lepidopterophobie)
- Angst vor Objekten mit unregelmäßigen Lochmustern (Trypanophobie)

KAPITEL 3: UMGANG MIT DER ANGST

Ängstliche Gedanken können mächtig sein. Tatsächlich können Sie Ihre Logik und Argumentation überwinden und verbessern. Was wäre also, wenn man die Kraft dieses starken Geistes und seine Kraft nutzt und für sich selbst arbeiten kann und nicht gegen sich selbst?

Auf der grundlegendsten Ebene ist Angst eine Emotion. Es kann ziemlich schockierend sein, aber Angst und Schrecken sind wichtige Emotionen. Wenn es um das Überleben des Menschen geht, motivieren uns Angst und Schrecken, die notwendigen Schritte zu unternehmen. Daher reagiert der Körper sofort, indem er Adrenalinhormone produziert, die uns schneller handeln lassen.

Wir wissen jedoch, dass jeder Überschuss fast immer schlecht für die Gesundheit ist. Dann, wenn das Gehirn überempfindlich wird, wird der Körper auf eine hohe

Alarmstufe gebracht, auch wenn es nichts zu beunruhigen gibt. Daher ist es nicht sinnvoll, wie unser Körper auf Angststörungen reagiert. Dies wird als Fehlalarm bezeichnet.

Warum ist Angst so mächtig?

Angst soll uns beschützen. Es ist ein Aufruf zur Aktion Reaktion auf Kampf oder Flucht, wenn wir in der Nähe einer unmittelbaren Gefahr sind, da unser Körper automatisch beginnt, uns darauf vorzubereiten, die Bedrohung anzugreifen oder der Gefahr zu entkommen. Da Angst automatisch und instinktiv ist, kann die Fähigkeit, die notwendigen Maßnahmen zu ergreifen, unser Überleben garantieren, aber in einigen Situationen kann sie uns schweren Schaden zufügen. Wenn wir übermäßig ängstlich werden, nimmt unser Geist oft die Form einer unproduktiven Sorge an. Andererseits stellen eindringliche Gedanken und Bedenken in dieser Hinsicht einen fehlgeschlagenen Versuch dar, die betreffende Gefahr zu kontrollieren. Dann beginnen wir, Qualen zu erleben, weil wir nicht die richtigen Maßnahmen ergriffen haben. Dann fallen wir in diesen Teufelskreis der Angst.

Wie wir bereits früher gelernt haben, wissen wir, dass Angst auf der Realität einer Situation basiert, aber sie kann am Ende dazu führen, dass sie sabotiert, was die Person erreichen muss. Manchmal kann es zu Ängsten kommen, die für andere unverhältnismäßig zur realen Situation erscheinen. Im Gegenteil, Angst kann eine notwendige Rolle für das Überleben und das optimale Funktionieren spielen, so wie man darauf reagiert. Wenn wir lernen, wie wir unseren Geist meistern können, kann uns „gute Angst" helfen, indem wir bestimmte Situationen korrigieren oder verbessern.

Mit konstanter Praxis gibt es einige Aspekte der Angst, die Sie verwenden können, um Ruhe inmitten von Turbulenzen zu finden. Die Veränderung der Mentalität erfordert kleine, modellierte Schritte. Der Weg zur Genesung kann lang und schwierig sein, aber es ist wahrscheinlicher, dass Sie aufgrund der Fähigkeiten, die Sie jeden Tag üben werden, erhebliche lebensverändernde Veränderungen erleben. Denken Sie daran, dass Ihr Verstand benutzt wurde, um auf eine bestimmte Weise zu reflektieren, und es kann eine Weile dauern, bis Sie diese Gewohnheiten brechen können.

Versuchen Sie nicht, sofort drastische Maßnahmen zu ergreifen, da Sie dadurch nur aufgeben müssen. Machen Sie einen Schritt nach dem anderen und für kurze Zeit: kleine, aber wichtige Schritte. Denken Sie daran, jedes Mal, wenn Sie sich außerhalb Ihrer Komfortzone befinden, werden Sie sich ängstlich fühlen, also seien Sie nett zu sich selbst!

Die Kraft eines ängstlichen Geistes nutzen.

Wenn Angst die Kraft des Geistes gegen den Geist ist, können Sie sie als größtes Kapital und nicht als Hindernis einsetzen. Tatsächlich bedeutet Angst meistens, dass etwas Großes passiert und dass Sie sich neuen Herausforderungen stellen. Was schafft Vertrauen in Sie? Die Antwort ist einfach: Leistung. Ihr Verstand ist mächtig, nutzen Sie ihn zu Ihrem Vorteil. Verbringen Sie Ihre Zeit nicht damit, auf ein Leben zurückzublicken, das „sicher" und „bequem" war. Sie werden die Dinge, die Sie im Leben tun, nicht so sehr bereuen wie die Dinge, die Sie NICHT tun.

Kontrollieren Sie die Angst, lassen Sie sich nicht von der Angst kontrollieren!

Seien Sie da, wo Sie sein wollen und nicht, wo es Sie führen will. Angst verwendet eine solide Sammlung von „Was-wäre-wenn" und „Vielleicht".

Versuchen Sie, sich zu verankern, indem Sie Ihre Sinne öffnen. Achten Sie auf Ihre Sinne. Wovor haben Sie am meisten Angst? Ein großartiges Werkzeug ist es, sich an Erinnerungen zu erinnern, als Sie sich ernsthaft besorgt über ein neues Element Ihres Lebens fühlten. Wie ist es gelaufen? Die Chancen stehen gut, dass alles in Ordnung war, und es ist wirklich nützlich, sich daran zu erinnern. Seien Sie mit dem, was gerade passiert, vertraut, anstatt zu antizipieren, was passieren könnte. Wenn Sie sich unwohl fühlen, beschränken Sie die Zeit – widmen Sie so viel Zeit, um die Dinge in der Gegenwart vollständig zu erkunden und zu erleben.

Wenn Sie dies tun, stärken Sie Ihre Fähigkeit, Ihre ängstlichen Gedanken zurückzuziehen, um den Moment zu leben. Nehmen Sie jeden Tag an dieser bewussten Übung teil, solange Sie können; je mehr, desto besser. Das Endergebnis ist, dass Sie Ihren Geist weiterhin in Richtung positives Denken trainieren. Ein solches Erlebnis ist gesund und Ihr Gehirn wird es sicher zu schätzen wissen.

Seien Sie geduldig!

Gedanken und Emotionen kommen und gehen. Nichts davon bleibt für immer bestehen, also denken Sie immer daran, dass, egal wie Sie sich zu einem bestimmten Zeitpunkt fühlen oder was Ihnen in den Sinn kommt, immer kommen wird.

Erleben Sie die Gegenwart der vollen Präsenz, ohne das Bedürfnis zu verspüren, Ihre Gedanken und Emotionen zu entfremden. Egal wie stark diese Gedanken und Gefühle auch erscheinen mögen, Sie sind immer mächtiger und stärker als alle diese. Sie sind immer härter, also überstürzen Sie es nicht. Lassen Sie sie stattdessen länger bleiben, damit Sie sie beobachten und ihren Zweck in Ihrem Leben verwirklichen können. Sobald Sie das getan haben, werden Sie schnell vorankommen.

Beobachten Sie einfach

Die Vertiefung des ängstlichen Denkens ist eine Verschwendung von Zeit und Kraft. Sie müssen sich von Ihren ängstlichen Gedanken trennen, indem Sie sich die Zeit nehmen, Ihr übermäßiges Denken durch Angstsituationen selbst zu analysieren. Wenn Sie die Dinge verstehen, die Sie erschrecken, werden Sie in der Lage sein, die Quellen der Angst zu finden.

Um das zu veranschaulichen, stellen Sie sich vor, Sie befinden sich mitten in einem Sturm. Anstatt zu versuchen, die Richtung des mächtigen Windes von Ihnen weg zu kontrollieren, können Sie sich vorstellen, den Sturm durch ein Fenster zu betrachten und zu wissen, dass er bald vorbeiziehen wird.

Vertrauen Sie Ihrer Angst.

Ihr starkes Gewissen und Ihr reflektierender Verstand werden versuchen, diese Angstgefühle in den

Kontext zu stellen, denn die Vorstellung, dass sie an nichts gebunden sind, kann Sie schlechter fühlen lassen.

Sie können sich durch die Dinge gestresst fühlen, die Ihre Sorgen verursachen, was bei Ängsten üblich ist. Denken Sie darüber nach, ob es ein Zeichen dafür ist, Sie vor etwas Schlimmem zu schützen, das passieren könnte.

Üben Sie, sich zu beruhigen, indem Sie tief durchatmen, sobald Ihr Angst aufkommt. Es ist nicht einfach, aber während Sie es tun, werden Sie bald in der Lage sein, Ihre Gedanken zu beherrschen und nicht an die Botschaft zu glauben, die die Angst Ihren Emotionen bringt.

Angst kommt als Warnung und nicht als Vorhersage. Sie müssen sich sicher fühlen in dem, was das für Sie bedeutet.

Vertrauen Sie immer sich selbst

Vertrauen Sie darauf, dass egal was passiert, Sie für Ihre Emotionen verantwortlich sind. Das fühlt sich am Anfang vielleicht nicht real an. Machen Sie einfach weiter und sehen Sie, was Sie daraus erleben können. Wie bereits erwähnt, handelt es sich um einen Lernprozess, der einige Zeit in Anspruch nehmen kann.

Die zugrundeliegende Ursache von Angst, Sorge und Stress ist die Angst, nicht damit umgehen zu können. Unterschätzen Sie sich jedoch nicht selbst.
Sie sind stark und einfallsreich, also werden Sie immer mit allem konfrontiert, was Ihnen zugeworfen wird. Das ist schon oft passiert, und Sie haben gezeigt, dass Sie in der Lage sind, mit allem umzugehen: Ablehnung oder falsche Entscheidungen zu treffen. Es geht nur darum, sie zu akzeptieren und sie gehen zu lassen. Es geschah in der Vergangenheit, aber trotzdem konnten Sie weitermachen.

Kennen Sie Ihre Angst

Manchmal, je mehr wir versuchen, zu kämpfen oder etwas zu ändern, nur um uns wohl zu fühlen, desto mehr bleibt es gleich. Die Energie, die wir in sie stecken, ist anstrengend. In diesem Fall sollten Sie sich sagen, dass Sie nicht an rosa Gorillas denken und sehen sollten, wie es funktioniert.

Ängstliche Gedanken führen Sie zu viel wertvollem geistigen Raum und greifen sogar auf unsere Emotionen, Vorstellungskraft, Konzentration und Gedanken zurück. Je mehr wir versuchen, sie zu kontrollieren und sie zu verstehen, desto mehr nähren sie unsere Angst.

Versuchen Sie zu akzeptieren, mit Ihrer Angst zu sein, ohne zu versuchen, sie zu ändern. Die Annahme ihrer Gedanken und Gefühle der Angst macht sie nicht stärker oder länger. Tatsächlich hört sie auf, wenn Sie aufhören, ihr Ihre Energie zu geben.

Worauf man sich konzentriert, wird mächtig. Je mehr Sie sich also auf etwas konzentrieren, desto mehr wächst es und blüht auf. Versuchen Sie daher, Angst zu vermeiden. Ohne Ihre Angst zu zwingen, wegzugehen, werden Sie sie verstehen und sich ihr stellen können.

Üben Sie, indem Sie Ihre Gefühle so akzeptieren, wie sie sind, für etwa zwei Minuten. Das ist nicht einfach, aber es ist mächtig. Beginnen Sie mit kleinen Stücken und gehen Sie von dort aus weiter. Wenn Sie mehr als 10 Minuten daran arbeiten können (mit Ihren ängstlichen Gedanken zu sitzen, als wären sie etwas Natürliches), dann wird es für Sie besser sein. Geben Sie ihnen nach ein paar Minuten Ihre volle Aufmerksamkeit und versuchen Sie, sie in etwas anderes zu verwandeln. Sehen Sie, wie Sie sich fühlen, wenn Sie bereit sind, und arbeiten Sie länger daran.

Reinigen Sie Ihren Filter

Frühere Erfahrungen und Botschaften haben ihre Art und Weise, den Filter zu verändern, indem sie zeigen, wie wir das Leben sehen. So funktioniert es für uns, unabhängig von der Anwesenheit von Angst in unserem Leben.

Versuche, Momente und Erfahrungen so zu sehen, als ob sie zum ersten Mal in Ihrem Leben passiert wären, auch wenn Sie sie in der Vergangenheit zu oft erlebt haben, und doch wird nichts genau so sein wie das, was Sie im gegenwärtigen Moment sehen. Beachten Sie den Unterschied zwischen dem, was jetzt geschieht und dem, was vorher passiert ist.

Jedes Mal, wenn Sie es erleben, ändern Sie sich zum Besseren: Sie sind mutiger, weiser, stärker und in der Lage, mit Ihrer Angst umzugehen, obwohl es Zeiten gibt, in denen Sie ängstlicher und besorgter sind.

Eröffnen Sie die neuen Möglichkeiten, die mit dieser neuen Erfahrung einhergehen, denn sie ist das, was sie ist, eine völlig neue Erfahrung!

Sagen wir einfach, er hat eine schmerzhafte Trennung mit einer langfristigen Beziehung. Es ist sehr schwierig, sein Herz in einer neuen Beziehung wieder zu öffnen. Eine neue Beziehung zu einer neuen Person mag für Sie zu riskant erscheinen, und das ist verständlich.

Für Sie ist das Fernbleiben und Vermeiden von Menschen eine Maßnahme, die Sie sicher und geschützt hält. Aber irgendwie wird Sie das von den Möglichkeiten ablenken, die sie darauf warten, dass Sie sie finden. Wachstum kann entstehen, wenn wir uns für das, was kommt, öffnen und nicht neue Erfahrungen vermeiden, nur weil wir von dem, was in der Vergangenheit passiert ist, so sehr betroffen sind.

Unsicherheit akzeptieren

Angst kann für großes Aufsehen sorgen, denn die Zukunft ist immer ungewiss. Nicht alles kann nach Plan verlaufen und je mehr wir versuchen, jede Situation zu kontrollieren, desto mehr müssen wir erkennen, dass wir wenig Kontrolle darüber haben.

Versuchen Sie, das Bedürfnis, die ganze Zeit sicher zu sein, beiseite zu legen, auch nur für einen Moment. Während dies schwierig zu akzeptieren sein kann, besonders für Menschen, die Fanatiker der Kontrolle sind, müssen Sie beginnen, angesichts der Unsicherheit aufzugeben. Experimentieren Sie mit dem Versuch, die Notwendigkeit der Kontrolle des gegenwärtigen Moments, der Vergangenheit oder der Zukunft beiseite zu legen, und dazu gehört auch die Kontrolle der Menschen um Sie herum. Wenn Sie sich auf Ihre Unsicherheit verlassen können und sich die Zeit nehmen, sie zu tolerieren, werden Sie weniger Kontrolle über sich selbst haben.

Indem Sie ständig mit verschiedenen Strategien experimentieren, werden Sie bald Ihre Angst überwinden. Ihre ersten Versuche werden nicht viele Veränderungen mit sich bringen, da sie wie Wassertropfen in einem Eimer sind. Dinge werden zunächst nicht bemerkt, aber wenn Sie sie weiterhin regelmäßig und im Laufe der Zeit verwenden, sind Sie vielleicht besser in der Lage, die Kraft Ihres Geistes zu nutzen, um mehr zu Ihren Gunsten zu arbeiten.

Sie werden bald erkennen und verstehen, dass Sie immer das haben werden, was Sie brauchen und dass Ihre ängstlichen Gedanken und Gefühle einfach wie ein Tag mit schlechtem Wetter vergehen werden.

KAPITEL 4: ENTLASTUNG VON SORGEN, ANGSTZUSTÄNDEN UND ANGST

Besorgnis kann hilfreich sein, wenn sie dich dazu anregt, zu handeln und ein Problem zu lösen. Wenn Sie sich um die Szenarien „Was wäre wenn" und „Worst-Case" kümmern, kann dies zu einem Problem werden. Ständige Zweifel und Ängste können lähmend sein. Sie können Ihre emotionale Energie untergraben, Ihre Angstzustände erhöhen und Ihre tägliches Leben stören. Chronische Sorgen sind jedoch eine geistige Gewohnheit, die zerstört und in etwas Nützliches umgewandelt werden kann. Sie können Ihr Gehirn trainieren, um ruhig zu bleiben und das Leben aus einer positiveren Perspektive zu betrachten.

Warum ist es schwer aufzuhören, sich Sorgen zu machen?

Sorgen sind nie eine angenehme Aktivität, also warum sollte nicht jemand aufhören, sich Sorgen zu machen? Die Antwort darauf liegt in dem Glauben, dass man sich Sorgen machen muss.

Wenn Sie denken, dass ständige Sorge Ihre Angst völlig außer Kontrolle bringt, Ihre Gesundheit schädigt oder Sie verrückt macht, wird sie zu Ihren Sorgen hinzukommen und Sie fern halten. Es ist wie, wenn man sich Sorgen um den Schlaf macht, je mehr man wach bleibt.

Wenn Sie sich Sorgen darüber machen, warum Sie nicht schlafen können, hält es Sie wach. Die gleichen Dinge funktionieren damit, dass man sich zu sehr um seine Sorgen sorgt. Umgekehrt, auf der positiven Seite, können Sie glauben, dass positive Dinge Ihnen helfen, schlechte Dinge zu vermeiden. Positive Überzeugungen über Bedenken können jedoch noch mehr Schaden anrichten, da es schwierig ist, die besorgniserregende Gewohnheit zu überwinden, wenn Sie denken, dass Sie helfen können. Um mit der Sorge aufzuhören, geben Sie den Glauben auf, dass die Sorge einen positiven Zweck hat.

Es ist schwer, die Sorgengewohnheit aufzuhalten, sobald man daran glaubt. Irgendwie müssen Sie erkennen, dass Besorgnis das Problem ist und nicht die Lösung, um die Kontrolle über deinen ängstlichen Geist zurückzugewinnen.

Regel # 1 – Eine Zeit der Besorgnis schaffen

Es ist schwierig, in Ihrem täglichen Leben produktiv zu sein, wenn Probleme und Sorgen Ihren Geist dominieren. Was soll man dann tun?

Sich selbst zu sagen, dass man sich keine Sorgen machen muss, funktioniert meistens nicht; wenn ja, wird es nicht lange dauern. Sie können Ihren Geist für einen Moment von diesen ängstlichen Gedanken ablenken, aber nicht lange. Sie können diese ängstlichen Gedanken und

Gefühle nicht für immer beseitigen. Wenn Sie das tun, machen Sie sie sogar stärker und hartnäckiger.

Probieren Sie das selbst aus. Schließen Sie die Augen für einen Moment und versuchen Sie, sich einen rosa Gorilla vorzustellen. Sobald Sie den rosa Gorilla in Ihren Gedanken erscheinen sehen, hören Sie auf, darüber nachzudenken, was Sie in der nächsten Stunde tun werden, und denken Sie nicht an diesen rosa Gorilla, aber wie können Sie es tun, wenn er immer wieder in Ihrem Kopf erscheint?

Warum funktioniert es nicht, Gedanken aufzuhalten?

Wenn Sie versucht haben, diese Gedanken zu stoppen, schlagen sie fehl, weil Ihr Verstand Sie zwingt, Ihre Aufmerksamkeit auf den Gedanken zu richten, den Sie verwerfen möchten. Sie achten immer darauf und das macht es wichtiger. Dies bedeutet jedoch nicht, dass die Angst unkontrollierbar ist. Sie können die Angst durch einen anderen Ansatz kontrollieren. Anstatt zu versuchen, Ihre ängstlichen Gedanken loszuwerden, versuchen Sie, länger bei ihnen zu verweilen, aber lassen Sie sich nicht beeinflussen.

Aufschieben von Bedenken

Kreieren Sie eine „Periode der Besorgnis". Legen Sie eine Zeit und einen Ort fest, an dem Sie sich auf Ihre Anliegen konzentrieren können. Es muss zu einem routinemäßigen Zeitplan werden. Zum Beispiel, wählen Sie, sich in Ihrem Zimmer Sorgen zu machen, sagen wir zwischen 15:00 Uhr und 15:20 Uhr. Je früher, desto besser, damit Sie beim Abendessen oder vor dem Schlafengehen keine Angst haben müssen. Während dieser Zeit, die für Ihre Sorgen vorgesehen ist, können Sie an all die Sorgen denken, die in Ihrem Kopf eingeschlossen haben, aber für den Rest des Tages, stellen Sie sicher, dass Sie keine Sorgen haben!

Wenn Angst außerhalb der Sorgenzeit auftritt, notieren Sie sie einfach, legen Sie sie beiseite und gehen Sie zu Ihrem Tag über. Denken Sie daran, dass Sie eine bestimmte Zeit dafür vorgesehen haben. Es besteht also zum jetzigen Zeitpunkt kein Grund zur Sorge.

Überprüfen Sie Ihre Liste der Bedenken.

Wenn Ihre Sorgenzeit kommt, gehen Sie Ihre Liste der Gedanken durch, die Sie beunruhigt haben. Wenn sie Sie weiterhin stören, lassen Sie sich von diesen Sorgen verwöhnen, aber nur für die dafür vorgesehene Zeit. Wenn diese ängstlichen Gedanken nicht mehr wichtig zu sein scheinen, verkürzen Sie Ihre Sorgenperiode, um den Rest des Tages genießen zu können.

Die Verschiebung der Besorgnis ist daher effektiv, weil sie die Gewohnheit überwindet, über die Besorgnis nachzudenken, wenn man andere Dinge zu tun hat. Unterdrücken oder beurteilen Sie den ängstlichen Gedanken nicht, sondern verschieben Sie ihn auf einen späteren Zeitpunkt. Während Sie die Fähigkeit entwickeln, Ihren ängstlichen Verstand zu verschieben, werden Sie bald erkennen, dass Sie mehr Kontrolle über sie haben, als Sie denken.

Regel #2 – Ist das Problem lösbar?

Versuchen Sie, sich zu fragen, ob das Problem lösend ist. Laut der Studie, während Sie sich Sorgen machen, werden Sie sich wahrscheinlich vorübergehend ängstlich fühlen. Wenn Sie über das Problem nachdenken, lenken Sie sich von Ihren Emotionen ab und geben Sie sich das Gefühl, dass Sie etwas erreicht haben. Wir wissen jedoch, dass Besorgnis erregende und lösende Probleme zwei verschiedene Dinge sind.

Während wir uns mit der Problemlösung beschäftigen, versuchen wir, eine Situation zu bewerten und konkrete Lösungen zu finden und den Plan dann in die Tat umzusetzen. Dies führt selten zu einer Lösung. Egal wie viel Zeit Sie damit verbringen, über die Worst-Case-Szenarien nachzudenken, Sie werden feststellen, dass Sie immer noch auf sie vorbereitet sind, wenn sie ankommen.

Man muss unterscheiden, welche Bedenken lösbar sind und welche nicht.

Sobald ein Problem in Ihrem Kopf auftaucht, können Sie sich fragen, ob dieses Problem etwas ist, das Sie lösen können. Die folgenden Fragen können Ihnen helfen.

- Ist es nur imaginär?
- Ist das Problem etwas, das ich im gegenwärtigen Moment habe, oder nur imaginär?
- Wenn das Problem imaginär ist, was passiert dann, wie wahrscheinlich ist es dann, dass es passiert? Ist mein Anliegen realistisch?
- Kann das Problem gelöst werden oder liegt es außerhalb meiner Kontrolle?

Lösbare Bedenken sind solche, bei denen Sie sofort handeln können. Zum Beispiel, wenn Sie über Ihre Rechnungen besorgt sind, dann ist die beste Lösung, Ihre Gläubiger anzurufen und nach einer flexiblen Zahlungsoption zu fragen. Auf der anderen Seite sind die unlösbaren Probleme diejenigen, bei denen man nicht etwas tun kann, wie z.B. was ist, wenn man eines Tages eine tödliche Krankheit bekommt?

Wenn lösbare Probleme auftreten, dann können Sie sich über sie Gedanken machen. Machen Sie eine Liste aller möglichen Lösungen, die Sie sich vorstellen können, aber versuchen Sie, nicht zu lange nach der perfekten Lösung zu suchen. Versuchen Sie, sich auf die Dinge zu konzentrieren, die Sie ändern können, und nicht auf die Umstände oder Realitäten, die außerhalb Ihrer Kontrolle liegen.

Nach der Bewertung aller möglichen Optionen erstellen Sie einen Aktionsplan. Um Ihren Plan zu beginnen, tun Sie etwas gegen das Problem und Sie werden viel weniger besorgt sein.

Umgang mit schwierigen Anliegen

Wenn Sie ein chronischer Sorgenmacher sind, scheinen die meisten Ihrer Sorgen unlösbar zu sein. Sich zu sorgen hilft Ihnen, Ihre Gedanken beschäftigt und besorgt zu halten, anstatt IHnen zu erlauben, sich um die zugrunde liegenden Emotionen zu sorgen. Aber trotzdem kommt man mit seinen ängstlichen Emotionen nicht durch.

Während Sie sich um all diese Anliegen kümmern, werden Ihre Gefühle vorübergehend blockiert und unterdrückt. Sobald man jedoch aufhört, sich Sorgen zu machen, erholt sich jeder. Und dann beginnt man sich Gedanken darüber zu machen, wie man sich fühlt. „Was ist los? Warum fühle ich mich so?"

Aber was ist, wenn Bedenken nicht etwas sind, das ich lösen kann? Wenn Sie ein chronischer Patient sind, wird die große Mehrheit Ihrer ängstlichen Gedanken wahrscheinlich in dieses Feld fallen. In solchen Fällen ist es wichtig, sich auf Ihre Emotionen einzustellen. Sich Sorgen zu machen hilft Ihnen, unangenehme Emotionen zu vermeiden.

Wenn Sie sich sorgen, denken Sie darüber nach, wie Sie das Rätsel lösen können, anstatt sich selbst zu erlauben, die zugrunde liegenden Emotionen zu spüren. Aber Sie können Ihre Emotionen nicht wegnehmen. Während Sie sich Sorgen machen, werden Ihre Gefühle vorübergehend unterdrückt, aber wenn sie aufhören, kommen sie zurück.

Und dann beginnt man sich Sorgen um seine Gefühle zu machen: „Was ist los mit mir? So sollte ich mich nicht fühlen!"

Nehmen Sie Ihre Gefühle an

Es scheint zunächst beängstigend, seine Gefühle der Angst wegen seiner negativen Überzeugungen über sie anzunehmen. Wir glauben immer, dass wir ständig rational sein und ihre Gefühle in den Griff bekommen sollten. Sie sollten keine negativen Emotionen wie Wut, Angst, Ressentiments, usw. empfinden.

Emotionen sind jedoch wie ein ungeordnetes Leben. Sie sind nicht immer nett und sie ergeben nicht immer Sinn. Allerdings ist das Gefühl, positiv oder negativ zu sein, Teil unseres Menschen. Sie müssen akzeptieren, dass sie normal sind. Sie können sie erleben, ohne sich wirklich überfordert zu fühlen, und Sie können sie zu Ihrem eigenen Vorteil verwalten.

Regel # 3: Fordern Sie Ihre ängstlichen Gedanken heraus.

Sobald Sie unter Sorge und chronischer Angst leiden, gibt es eine große Tendenz für Ihre Einstellung zum Leben negativ zu sein und die Welt kann Ihnen gefährlicher erscheinen, als sie ist. Jedes Mal, wenn Sie die Möglichkeit überschätzen, dass sich die Dinge in Ihrem Worst-Case-Szenarien ändern werden, erhalten Sie auch die Fähigkeit, mit dem Problem des Lebens umzugehen, diskreditieren und davon ausgehen, dass Sie immer beim ersten Anzeichen von Schwierigkeiten fallen werden. Diese Einstellung von Ihnen wird als kognitive Verzerrung erkannt.

Kognitive Verzerrungen sind Teil von Denkmustern, die sich lange Zeit in Ihrem Denken angesammelt haben und automatisch in dem Sinne wurden, dass Sie sie nicht einmal bemerken. Um diese negativen Denkgewohnheiten zu durchbrechen, müssen Sie Ihr Gehirn trainieren, um die Sorge und Angst zu stoppen, die es Ihrem Gehirn bringt. Obwohl kognitive Verzerrungen nicht real sind, ist es nicht einfach, sie aufzugeben.

Sie können damit beginnen, einen erschreckenden Gedanken zu identifizieren und zu versuchen, so detailliert wie möglich über die Dinge zu sein, die Sie erschrecken oder beunruhigen. Anstatt diese Gedanken als Fakten zu betrachten, betrachten Sie sie als bloße Hypothesen, die mehr Beweise brauchen. Wenn Sie Ihre Sorgen und Ängste untersuchen und hinterfragen, werden Sie bald eine ausgewogenere Perspektive entwickeln.

Stellen Sie das ängstliche Denken in Frage

- Was ist der Beweis dafür, dass der Gedanke richtig ist? Oder ist es nicht richtig?
- Gibt es einen anderen Weg, die Situation realistischer und positiver zu sehen?
- Wie hoch ist die Wahrscheinlichkeit, dass das, was Ihnen Angst macht, passiert? Wenn die Wahrscheinlichkeit gering ist, was sind die wahrscheinlichen Ergebnisse?

- Ist das Denken hilfreich? Wird es Ihnen helfen oder Sie verletzen?
- Wie kann ich mit einem Freund sympathisieren, der sich Sorgen macht?

Kognitive Verzerrungen, die mehr zu Angst, Stress und Sorgen beitragen.

Alles-oder-nichts-Denken

Wenn man immer dazu neigt, die Dinge schwarz auf weiß zu betrachten. Mit anderen Worten, man denkt so: „Ich bin ein totaler Misserfolg, wenn ich einmal nicht den Erwartungen anderer gerecht werde."

Übermäßige Verallgemeinerung

Aus einer einzigen traumatischen oder negativen Erfahrung nehmen Sie an, dass die Dinge so geschehen werden, wie sie geschehen sind. Beispiel: „Ich habe den Test nicht bestanden. Selbst wenn ich noch einen mache, werde ich wieder versagen."

Der mentale Filter

Man neigt dazu, sich auf negative Gedanken zu konzentrieren und gleichzeitig zu versuchen, alle positiven Aspekte zu blockieren. Sie können das Negativ der Hunderte von Positiven leicht bemerken, weil der Verstand die Positiven herausfiltert.

Verminderung des Positiven

Man kann sich leicht Gründe vorstellen, warum die Sache nicht den Erwartungen entspricht, wie z.B.: „Ich habe mich bei der Prüfung gut geschlagen, aber ich scheine nicht der Favorit des Vorgesetzten zu sein."

Voreilige Schlüsse ziehen

Sie sind schnell dabei, Fehlinterpretationen und Urteile zu fällen, wenn es keine Beweise gibt. Man wird als Gedankenleser oder Wahrsager fungieren.

Katastrophen kreieren

Man wartet immer darauf, dass der schlimmste Fall eintritt.

Emotionale Argumentation

Sie denken, dass die Art und Weise, wie Sie sich fühlen, die Realität widerspiegelt.

Labels verhängen

Sie kennzeichnen sich selbst aufgrund von Fehlern und auch wahrgenommenen Mängeln.

Soll und darf nicht sein

Sie verknüpfen sich mit einem strengen Satz von Regeln, was Sie tun sollten und was nicht. Ebenso wird eine Strafe verhängt, wenn Sie diese strenge Regel nicht einhalten.

Personalisierung

Sie übernehmen Verantwortung für Dinge und Situationen, die außerhalb Ihre Kontrolle liegen. Beispiel: „Es ist meine Schuld, dass er gestorben ist!"

Regel # 4 - Akzeptieren Sie Unsicherheit

Wenn Sie diese Unfähigkeit haben, Ungewissheit zu tolerieren, werden Sie wahrscheinlich Sorgen und Ängste bekommen. Chronische Sorgen können es einfach nicht ertragen, unvorhersehbar zu sein und Zweifel zu hegen. Deshalb neigen sie dazu, sich ihren ängstlichen Gedanken und Gefühlen hinzugeben. Sie fühlen sich sicherer in der Sorge, aber das Gefühl der Sicherheit ist nur eine Illusion. Für sie ist Sorgen eine Möglichkeit, vorauszusagen, was für die Zukunft installiert ist. Auf diese Weise verhindern sie unangenehme Überraschungen, sodass sie das Ergebnis kontrollieren können. Das Problem liegt jedoch darin, dass es nicht funktioniert..

Wenn Sie über die falschen Dinge nachdenken, die auf Sie zukommen, ist das Leben nicht vorhersehbar. Wenn Sie sich auf Worst-Case-Szenarien konzentrieren, wird dies nicht verhindern, dass sie eintreten, aber es wird Sie sicher davon abhalten, das Leben im gegenwärtigen Moment zu genießen. Wenn Sie also Ihre Sorgen beenden möchten, müssen Sie Ihrem Bedürfnis nach Sicherheit und sofortigen Lösungen entgegenwirken..

Unsicherheit akzeptieren

Die Akzeptanz von Unsicherheit ist der Schlüssel zur Linderung von Angst und zur Fähigkeit, die Probleme der Verweigerung von Unsicherheit in Dingen oder Situationen zu verstehen. Lassen Sie sich von den folgenden Fragen leiten und vergessen Sie nicht, Ihre Antworten aufzuschreiben.

- Gibt es Gewissheit in allem im Leben?
- Wenn Sie versuchen, Gewissheit gegen Unsicherheit abzuwägen, wie finden Sie sie dann nützlich?

- Finden Sie es vernünftig, Vorhersagen über schlechte Dinge wegen der Unsicherheit zu machen?
- Wie beurteilen Sie die Möglichkeit positiver oder neutraler Ergebnisse?

Regel # 5 – Achten Sie auf andere.

Wie Sie sich fühlen, wird von Ihrer Umgebung beeinflusst, insbesondere von der Art der Personen, mit denen Sie in Kontakt stehen, ob Sie es nun wissen oder nicht.

Studien zeigen, dass Emotionen ansteckend sind, weil sie andere beeinflussen können. Beachten Sie, dass wir „Stimmungen" voneinander schnell erfassen können, selbst einen völlig Fremden, den wir gerade erst getroffen haben und den wir wahrscheinlich nie wieder sehen würden. Die Menschen, mit denen wir viel Zeit verbringen, werden mehr Einfluss auf Ihren Geist und Ihren emotionalen Zustand haben.

Führen Sie ein Sorgentagebuch

Möglicherweise ist Ihnen nicht bewusst, wie sich Situationen und Menschen auf Sie auswirken. Es könnte sein, dass dies die übliche Szene bei Ihnen zu Hause ist. Beginnen Sie jetzt, jedes Mal, wenn Sie sich Sorgen machen, Notizen zu machen, damit Sie den Überblick über die Dinge und Situationen behalten und feststellen können, inwieweit Sie sich Sorgen machen. Schreiben Sie die Gedanken auf und sehen Sie, was sie ausgelöst hat. Irgendwann werden Sie feststellen, dass es irgendwie ein Muster gibt..

Verbringen Sie weniger Zeit mit denen, die Ihnen Angst machen.

Wenn es jemanden in Ihrem Leben gibt, der eine Menge Stress in Ihr Leben zu bringen scheint, fangen Sie an, die Zeit zu reduzieren, die Sie mit der Person verbringen. Es kann auch vorgeschlagen werden, gesündere Grenzwerte festzulegen. Versuchen Sie beispielsweise, bestimmte Themen festzulegen, die tabu sind.

Wir kennen die Arten von Problemen, die normalerweise unsere Angstgefühle auslösen.

Wählen Sie sorgfältig die Personen aus, denen Sie vertrauen.

Wenn Sie sich Sorgen um etwas machen und Ihre Gedanken und Gefühle der Angst mit anderen teilen wollen, wählen Sie sorgfältig die Person, der Sie vertrauen können. Einige Leute können bei der Einführung positiver Perspektiven helfen. Andere werden jedoch einfach mehr von Ihren Sorgen, Ängsten und Zweifeln nähren. Am Ende werden Sie mehr besorgt sein als vorher, bevor dieser Art von Persönlichkeit vertraut wird.

Regel # 6 – Üben Sie Ihre Achtsamkeit.

Konzentrieren Sie sich auf die Zukunft – was kann mit Ihnen geschehen, wenn Sie dies tun oder nicht tun oder wenn etwas passiert, das Sie irgendwie erwarten.

Die Achtsamkeitsmeditationstechnik kann dazu beitragen, die durch Angst verursachten Spannungen zu lindern und sich von Ihren Sorgen zu befreien, während Sie Ihre Aufmerksamkeit wieder auf den gegenwärtigen Moment lenken. Im Gegensatz zu dem, was wir bisher unternommen haben, um Ihre ängstlichen Gedanken herauszufordern und für eine sorgenfreie Zeit zu sorgen, ermutigt diese Meditationstechnik Sie, Ihre ängstlichen Gedanken und Gefühle zu beobachten und sie ohne Urteil loszulassen. Mithilfe dieser Informationen können Sie feststellen, wo Ihr Denken Probleme verursacht, und gleichzeitig die Verbindung zu Ihren Emotionen herstellen..

Erkennen und Beobachten

Kontrollieren, ignorieren oder bekämpfen Sie diese ängstlichen Gedanken und Gefühle nicht. Beobachten Sie sie stattdessen einfach, als ob sie von außen kämen, ohne irgendwelche Reaktionen und Urteile über das, was sie in der Gegenwart sehen.

Konzentrieren Sie sich auf die Gegenwart.

Sie können darauf achten, wie Sie Ihr Körper anfühlt, Ihre Atmung und Ihre ständig wechselnden Gedanken und Emotionen, die sich durch Ihr Denken erstrecken.

Mit Achtsamkeitsmeditation ist das Verweilen im gegenwärtigen Moment ein grundlegendes Konzept, aber es braucht viele Jahre der Praxis, bis die Vorteile genutzt werden können. Während Sie noch mit Ihren Übungen beginnen, werden Sie feststellen, wie leicht Ihr Geist wandern kann.

Sie werden frustriert sein, wenn Ihr Verstand sich um Ihre Sorgen kümmert. Anstatt frustriert zu sein, sollten Sie sich jedes Mal wieder auf die Gegenwart konzentrieren. Auf diese Weise verstärken Sie eine neue geistige Gewohnheit, die Ihnen hilft, negative und ängstliche Gedanken zu beseitigen und sich von negativen Sorgen zu befreien.

KAPITEL 5: NAHRUNGSMITTEL, DIE IHNEN HELFEN, ANGST ZU ÜBERWINDEN.

Es gibt viele Lebensmittel, die Angstsymptome reduzieren oder kontrollieren können, und es gibt andere, die sie verschlimmern oder verschlimmern können. Während eine schwere Angststörung Medikamente und Therapie erfordert, sollten leichtere Fälle mit der richtigen Ernährung behandelt werden. Mit einigen Änderungen an Ihrem Lebensstil und Ihrer Ernährung können Sie Angst auf natürliche Weise bewältigen.

Studien haben gezeigt, dass es bestimmte Lebensmittel gibt, die Ihre Sinne beruhigen und sogar Ihre Stimmung verbessern können. Lassen Sie uns Ihnen einige Tipps geben, wie Sie Ihre Ernährung mit diesen Lebensmitteln anpassen können.

Einbeziehung von Lebensmitteln, die reich an Omega-3-Fettsäuren sind.

Omega-3-Fettsäuren bekämpfen nicht nur Entzündungen, sondern können auch die Stimmung verbessern, so dass Sie mit Stress umgehen können. Sie können Ihnen auch helfen, die Gewohnheiten des Drogenmissbrauchs zu bekämpfen, die normalerweise wegen Stress- und Angstproblemen beginnen.

Omega-3-Fettsäuren sind Vorläufer in Meeresfrüchteprodukten wie Lachs, Austern, Thunfisch und Makrele. Sie können sie auch aus Avocado, Chiasamen, Sojabohnen, Spinat, Walnüssen und Olivenöl beziehen.

Nehmen Sie eine gesunde Menge an komplexen Kohlenhydraten auf.

Diese Lebensmittel können den Serotoninspiegel im Gehirn erhöhen, der für den Ausgleich unserer Stimmung verantwortlich ist. Ein hoher Serotoninspiegel bewirkt eine beruhigende Wirkung auf den Menschen.

Im Vergleich zu einfachen oder raffinierten Kohlenhydraten enthalten komplexe Kohlenhydrate höhere Mengen an Vitaminen, Mineralien und Ballaststoffen. Sie kommen in Lebensmitteln wie Vollkornhafer, Vollkornreis, Nudeln, Vollkornbrot, Quinoa, Kartoffeln, Süßkartoffeln, Mais, Linsen und sogar grünem Gemüse vor.

Entscheiden Sie sich für Kamillentee

Laut Studien kann Kamillentee helfen, Angstzustände zu reduzieren. Trinken Sie 3-4 Tassen pro Tag für ein gutes Ergebnis. Da die Kamille beruhigende Eigenschaften hat, können Sie sie auch durch Salben, Flüssigextrakte und Ergänzungsmittel verwenden.

Konsumgüter mit hohem Tryptophangehalt

Tryptophan ist eine wichtige Aminosäure in unserer Ernährung. Unser Körper kann es nicht erschaffen. Deshalb nehmen wir es durch die Nahrung, die wir konsumieren. Diese Säure ist ein Vorläufer von Serotonin, einem Neurotransmitter, der die Stimmung einer Person ausgleicht. Darüber hinaus fördert Tryptophan einen besseren Schlaf und verringert das Angstniveau.

Zu den Lebensmitteln, die reich an Tryptophan sind, gehören Sojaprodukte, Tofu, Eier, Milch, Käse, Erdnussbutter, Kürbiskerne, Sesam, Erdnüsse, Nüsse, Pute, Huhn und Fisch. Um diese Lebensmittel effektiver zu machen, bereiten Sie sie mit Zutaten vor, die reich an komplexen Kohlenhydraten sind. Auf diese Weise machen Kohlenhydrate Tryptophan im Gehirn leichter zugänglich, um Serotonin zu erzeugen.

Essen Sie Lebensmittel, die reich an Vitamin B sind.
B-Vitamine, insbesondere B1 und B12, können Angst bekämpfen, indem sie die Produktion von Serotonin im Gehirn aktivieren. Sie können mehrere B-Vitamine in Lebensmitteln wie Geflügelprodukten, Milchprodukten,

angereicherten Getreidesorten, Getreide, dunklem Blattgemüse, Fleisch und Fisch finden.

Vegetarier und ältere Menschen sind einem hohen Risiko für Vitamin-B-Mangel ausgesetzt, was sie anfällig für Angstsymptome macht. Dazu kann es notwendig sein, Vitamin-B-Ergänzungen einzunehmen.

Fügen Sie Ihrem Frühstück Protein hinzu

Das Frühstück ist die wichtigste Mahlzeit des Tages. Es ist die Energiequelle, die die Auswirkungen von Ängsten während des Tages bekämpfen kann. Ein proteinreiches Frühstück kann Ihnen helfen, sich den ganzen Tag über satt zu fühlen und Ihren Blutzuckerspiegel zu kontrollieren.
Mageres Fleisch, griechischer Joghurt, Hüttenkäse, Milch, Eier, Tofu, Molkenprotein, weiße Bohnen, getrocknete Linsen, Thunfisch, Lachs, Heilbutt, Sardellen und Sardinen sind proteinreiche Lebensmittel.

Bleiben Sie hydratisiert

Dehydrierung kann Ihre Stimmung und Ihren Energiehaushalt stark beeinflussen. Trinken Sie eine ausreichende Menge an klaren Flüssigkeiten. Das Trinken von 8 Gläsern oder 2 Litern Wasser ist eine gute Faustregel, um den ganzen Tag über hydratisiert zu bleiben.

Zu vermeidende Lebensmittel

Es gibt Lebensmittel, die Sie vermeiden sollten, da sie die Angst verschlimmern. Hier sind Möglichkeiten, um Angst durch Lebensmittel, die Sie konsumieren, zu vermeiden.

Reduzierung des Anteils an Omega-6-Fettsäuren

Omega-6-Fette, die weitgehend aus Gemüse gewonnen werden, können das Entzündungsrisiko im

Gehirn erhöhen und wurden mit Stimmungsschwankungen in Verbindung gebracht.

Die häufigsten Quellen für diese Fette sind Maisöl, Sesamöl, Sojaöl und Distelöl. Versuchen Sie, bei der Zubereitung Ihrer Speisen Oliven- oder Rapsöl anstelle von Omega-6-fettreichen Ölen zu verwenden.

Vermeiden Sie Alkohol

Selbst wenn Sie glauben, dass Alkohol eine sofortige beruhigende Wirkung hat und gut für Ihre Angst ist, wird der Prozess des Alkoholabbaus Sie nur dazu bringen, sich nervös zu fühlen. Es wird auch Ihr Schlafmuster stören.

Alkohol zeigt Angstzustände oder Panikattacken.

Die maximal zulässige Menge an Alkohol, die Sie trinken können, ist ein Glas pro Tag für Frauen und doppelt so viel für Männer. Es wird geschätzt, dass ein einziges Glas etwa 12 Unzen Bier (etwa ein Liter ½) oder etwa 5 Unzen Wein misst. Aber es ist nicht einfach, auf Alkohol zu verzichten, und es wäre es wert, bevor man ganz aufgeben kann, um Angstprobleme zu bewältigen.

Reduzieren Sie Koffein

Koffein hat eine stimulierende Wirkung, die bis zu acht Stunden dauern kann, bevor es verschwindet. Koffein kann nicht nur nervös machen, sondern auch die Ruhezeiten beeinträchtigen.

Ähnlich wie Alkohol löst Koffein, das häufig in Kaffee und Tee vorkommt, auch Panikattacken und Angstzustände aus. Es kommt auch in einigen Energy-Drinks, Sportgetränken und anderen Nahrungsergänzungsmitteln vor. Daher ist es am besten, Kaffee und koffeinfreien Tee aufzubewahren, um Angstzustände zu reduzieren.

Vermeiden Sie einfache Kohlenhydrate und Zucker.

Einfachzucker und raffinierte Kohlenhydrate sollen negative Auswirkungen auf Energie, Stimmung und Angst haben. Versuchen Sie, die Aufnahme der folgenden Lebensmittel so weit wie möglich zu minimieren.

Diese Art von Lebensmitteln sind süße Leckereien, Kuchen und Lebensmittel, die mit Weißmehl zubereitet werden, wie Pasta und Weißbrot.

Managen von Lebensmittelempfindlichkeiten

Es gibt einige Lebensmittel und Zusatzstoffe, die für Menschen mit einer Sensibilität für sie schädlich sind. Betroffene Menschen können Stimmungsschwankungen, Ängste und Reizbarkeit erleben, wenn sie Lebensmittel an Allergiker verzehren.

Die häufigsten Reizstoffe können Soja, Eier, Huhn, Tabak, Weizen und Zucker sein.

Integrieren Sie andere Aktivitäten, um Ihre Angst auf natürliche Weise zu bewältigen.

Nahrungsergänzungsmittel

Es gibt pflanzliche Nahrungsergänzungsmittel, die ähnliche Eigenschaften wie natürliche Anxiolytika haben. Bevor Sie jedoch pflanzliche Nahrungsergänzungsmittel zu Ihrer Ernährung hinzufügen, sollten Sie Ihren Arzt darüber informieren, um sicherzustellen, dass sie sicher und angemessen für Sie sind. Möglicherweise haben Sie Allergien gegen einige der Bestandteile eines bestimmten pflanzlichen Nahrungsergänzungsmittels.

Beachten Sie die folgenden Vorteile, die Sie durch die Einnahme von Nahrungsergänzungsmitteln aus Kräutern und anderen Pflanzen erhalten können.

Passionsblumenextrakt – Es wurde festgestellt, dass Passionsblumenextrakt die allgemeine Angst lindern kann..

Baldrianwurzel – Laut einigen Studien produziert Baldrianwurzelextrakt eine beruhigende Wirkung und wird daher verwendet, um einer Person mit Schlafproblemen zu helfen. Andere Studien zeigen, dass es auch helfen kann, Stress und Angst zu bewältigen.

Zitronenmelisse – Zitronenmelisse kann Stress und Angst reduzieren, aber wenn Sie eine Schilddrüsenüberfunktion haben, ist es am besten, sie zu vermeiden.

Bewegung

Mit regelmäßiger Bewegung können Sie Ihre Angst kontrollieren, weil Studien gezeigt haben, dass Bewegung eine sofortige und dauerhafte positive Wirkung auf die Angst hat.

Jüngste Gesundheitsrichtlinien der US-Regierung empfahlen mindestens 2 ½ Stunden körperliches Training mittlerer Intensität für Erwachsene, wie z.B. zügiges Gehen in einer Woche und 1 ¼ Stunden intensiver Aktivität, einschließlich Schwimmen und Joggen. Sie können eine Kombination aus beidem machen, um die Gesundheit zu verbessern.

Ein regelmäßiges Trainingsprogramm ist notwendig, um Ihnen zu helfen, mit der Flut von arbeitsbedingter Angst und Stressproblemen fertig zu werden. Wenn Sie bereits eines haben, dann ist es gut und es sollte so bleiben. Aber für andere, die noch nicht angefangen haben, hier sind einige Tipps, wie man vorankommt.

- Joggen oder Radfahren, Gehen oder Tanzen drei- bis fünfmal in der Woche für dreißig Minuten.

- Anstatt zu versuchen, perfekte Trainingseinheiten zu machen, versuchen Sie, kleine Ziele zu setzen und auf tägliche Kohärenz hinzuarbeiten. 15-20 Minuten pro Tag zu Fuß zu gehen ist besser, als bis zum nächsten Wochenende auf einen dreistündigen Marathon zu warten. Wissenschaftliche Studien deuten darauf hin, dass die Frequenz wichtiger ist.

- Wählen Sie eine Trainingsform, die Ihnen Spaß macht. Extrovertierte wählen oft Gruppenunterricht und Gruppenaktivitäten, während Introvertierte oft Einzelaktivitäten wählen.

- Viele Menschen genießen es, sich beim Hören von Musik zu bewegen. Laden Sie Hörbücher, Musik oder Podcasts über einen iPod oder ein anderes Multimedia-Gerät herunter, um sich abzulenken.

- Es wäre für Sie angenehmer, wenn Sie einen Trainingspartner finden könnten, der gemeinsam trainiert. In den meisten Fällen ist es einfacher, sich an Ihr Trainingsprogramm zu halten, wenn Sie es mit einem Partner machen.

- Seien Sie geduldig, während Sie trainieren. Wenn Sie sitzend sind, ist es normal, dass Sie 4-8 Wochen brauchen, um sich anzupassen und sich koordiniert und wohl mit Ihren Aktivitäten zu fühlen.

Bewegungstipps bei kaltem Wetter

Kaltes Wetter sollte Sie nicht daran hindern, Ihr regelmäßiges Trainingsprogramm zu erhalten, und hier sind Tipps, die Ihnen helfen, die Kälte zu überstehen.

- Kleiden Sie sich in Schichten für Ihren Sport, und Sie können sie entfernen, wenn Sie anfängen zu schwitzen. Sie können Ihre Schichten bei Bedarf einfach austauschen.

- Achten Sie darauf, Ihre Hände, Füße und Ohren zu schützen. Verwenden Sie genügend Abdeckung wie Handschuhe, Stirnbänder und Socken, um Erfrierungen zu vermeiden.

- Achten Sie immer auf die Wetterbedingungen. Kalter Wind und Regen können Sie anfällig für Erkältungen machen. Wenn die Temperatur unter Null Grad liegt und die Windkälte stark ist, sollten Sie eine Pause von Ihrer körperlichen Aktivität einlegen und stattdessen nach einer Indoor-Aktivität suchen.

- Wählen Sie geeignete Kleidung. Da es im Winter früher dunkel wird, sollten Sie reflektierende Kleidung und Schuhe mit ausreichender Traktion tragen, um ein Herunterfallen auf Eis oder Schnee zu vermeiden.

- Denken Sie auch daran, Ihre Sonnencreme mitzubringen. Es kann sowohl im Winter als auch im Sommer leicht verbrennen, also denken Sie immer an den SPF.
- Planen Sie auch Ihre Route und stellen Sie sicher, dass der Wind auf dem Rücken gegen Ende des Trainings liegt, um zu verhindern, dass es sich nach dem Training abkühlt.
- Hydratieren Sie Ihren Körper. Manchmal ist es schwer, Symptome einer Dehydrierung bei kaltem Wetter zu bemerken, also trinken Sie mehr Wasser oder kühlere Flüssigkeiten vor, während und nach dem Training, auch wenn Sie keinen Durst haben.

- Kennen Sie die Anzeichen von Erfrierungen und Unterkühlung. Wenn Sie irgendwelche frühen Anzeichen sehen, suchen Sie sofort Hilfe, um Erfrierungen und Unterkühlung zu vermeiden.

Genügend Schlaf

Wenn Sie Stress oder ein höheres Maß an Angst haben, als Ihr Körper braucht, bedeutet das, dass Sie mehr Schlaf und Ruhe brauchen. Es wird dringend empfohlen, dass Sie jede Nacht bis zu 7-9 Stunden schlafen.

Um die erforderliche Menge an Schlaf zu erreichen, befolgen Sie diese Tipps:

- Gehen Sie früh ins Bett und stehen Sie früh auf. Sie können Ihren Körper belebter fühlen, wenn Sie nachts genügend Schlaf bekommen und für einen frühen Start aufwachen.

- Schalten Sie alle Lichter und die Elektronik aus, bevor Sie schlafen gehen. Es ist bekannt, dass elektronische Geräte und Geräte elektromagnetische Felder freisetzen, die sich negativ auf unseren Körper auswirken. Um sie freizugeben, brauchen Sie etwas Erdung wie ein Bad zu nehmen, barfuß auf dem Boden zu gehen und sich mit der Natur zu verbinden. Es ist auch besser, wenn Sie Ihre elektronischen Geräte aus Ihrem Zimmer lassen können..

Besuchen Sie Ihren Arzt

Generalisierte Angststörung oder einfache Angst erfordert manchmal die Intervention von Ärzten durch weitere Behandlung und Bewertung außerhalb der Ernährungsumstellung. Konsultieren Sie Ihren Arzt oder Experten für psychische Gesundheit, wenn die Symptome der Angst schwerwiegend werden und wenn sie Ihnen viel Stress bereiten und Ihr tägliches Leben stören. Häufige Angstsymptome sind Panikattacken, erhöhte Herzfrequenz, Nervosität, Schwitzen, Konzentrationsschwierigkeiten und Zittern. Für eine schwerwiegendere Art von Angst, die eine medizinische Behandlung erfordern kann, gehören zu den Symptomen Selbstmordversuche und das ständige Gefühl, dass Sorgen Ihre Arbeit und Ihren Alltag beeinträchtigen.

Fazit

Die Kontrolle Ihres Geistes und die Freisetzung all Ihrer Kräfte durch die Neustrukturierung Ihrer Angstgedanken und die Umstellung auf einen effektiven Lebensstil wird Ihnen helfen, Panikattacken, Angst, Sorgen und andere angstbedingte Symptome zu reduzieren und sogar deren Ausbruch zu verhindern.

Es ist nicht einfach, einen ängstlichen Geist zu kontrollieren, und es braucht eine lange Ausbildung von Meditationsübungen, um seine Richtung zu ändern. Jetzt, da Sie sich bewusst sind, wie ein ängstlicher Geist funktioniert und dass Sie etwas tun können, nicht nur um ihn zu kontrollieren, sondern um all Ihre Kraft freizusetzen, um instabile Gedanken und Emotionen zu beruhigen, ist es an der Zeit, dass Sie anfangen, danach zu handeln.

Das Leben mit lästigen Gedanken und Emotionen kann Sie eines glücklichen und erfolgreichen Lebens berauben, und wenn Sie nicht die Kontrolle über Ihren ängstlichen

Verstand übernehmen, wird die Angst weiterhin die volle Kontrolle über Sie übernehmen: Nutzen Sie die Kraft Ihres ängstlichen Verstandes, um Ihre Angst zu lenken und sie jetzt zu Ihrem Vorteil arbeiten zu lassen!

Schlussworte

Nochmals vielen Dank, dass Sie dieses Buch gekauft haben! Ich hoffe wirklich, dass dieses Buch Ihnen helfen wird.

Der nächste Schritt ist die Anmeldung an unserem E-Mail-Newsletter, um über bevorstehende Buchneuheiten oder Werbeaktionen informiert zu werden.

Sie können sich kostenlos registrieren und erhalten als zusätzlichen Vorteil auch unser Buch *„Gesundheits- & Fitnessfehler, von denen Sie nicht wissen, dass Sie sie machen"* völlig kostenlos! Dieses Buch analysiert viele der häufigsten Fitness-Fehler und entmystifiziert viele der Komplexität und Wissenschaft der Fitness. All dieses Wissen und die Wissenschaft der körperlichen Aktivität in einem Schritt-für-Schritt-Buch organisiert, wird Ihnen helfen, in die richtige Richtung auf Ihrer Trainingsreise zu starten! Um unserem kostenlosen E-Mail-Newsletter zu erhalten und Ihr kostenloses Buch zu bekommen, besuchen Sie den Link und registrieren Sie sich: www.hmwpublishing.com/gift

Wenn Ihnen dieses Buch gefallen hat, dann möchte ich Sie um einen Gefallen bitten, wären Sie so freundlich, eine Rezension für dieses Buch zu hinterlassen? Ich wäre Ihnen sehr dankbar!

Vielen Dank und viel Glück auf Ihrer Reise!

Über den Co-Autor

Mein Name ist George Kaplo. Ich bin ein zertifizierter Personal Trainer aus Montreal, Kanada. Ich beginne damit zu sagen, dass ich nicht der breiteste Typ bin, den Sie jemals treffen werden, und das war nie wirklich mein Ziel. Tatsächlich habe ich begonnen, meine größte Unsicherheit zu überwinden, als ich jünger war, was mein Selbstvertrauen war. Das lag an meiner Größe von nur 168 cm (5 Fuß 5 Zoll), die mich dazu drängte, alles zu versuchen, was ich jemals im Leben erreichen wollte. Möglicherweise stehen Sie gerade vor einigen Herausforderungen oder Sie möchten einfach nur fit werden, und ich fühle mit Sicherheit mit Ihnen mit.

Ich persönlich war immer ein bisschen an der Gesundheits- und Fitnesswelt interes-siert und wollte wegen der zahlreichen Mobbingfälle in meinen Teenagerjahren wegen meiner Größe und meines übergewichtigen Körpers etwas Muskeln aufbauen. Ich dachte, ich könnte nichts gegen meine Körpergröße tun, aber ich kann sicher etwas dagegen tun, wie mein Körper aussieht. Dies war der Beginn meiner Transformationsreise. Ich hatte keine Ahnung, wo ich anfangen sollte, aber ich habe gerade erst angefangen. Ich war manchmal besorgt und hatte Angst, dass andere Leute sich über mich lustig machen würden, wenn sie die Übungen falsch machten. Ich wünschte immer, ich hätte einen Freund neben mir, der sich auskennt, um mir den Einstieg zu erleichtern und mich mit allem vertraut gemacht hätte.

Nach viel Arbeit, Studium und unzähligen Versuchen und Irrtümern begannen einige Leute zu bemerken, wie ich fit wurde und wie ich anfing, mich für das Thema zu interessieren. Dies führte dazu, dass viele Freunde und neue Gesichter zu mir kamen und mich um Rat fragten. Zuerst kam es mir seltsam vor, als Leute mich baten, ihnen zu helfen, in Form zu kommen. Aber was mich am Laufen hielt, war, als sie Veränderungen in ihrem eigenen Körper bemerkten und mir sagten, dass es das erste Mal war, dass sie echte Ergebnisse sahen! Von dort kamen immer mehr Leute zu mir und mir wurde klar, dass es mir nach so viel Lesen und Lernen in diesem Bereich geholfen hat, aber es erlaubte mir auch, anderen zu helfen. Ich bin jetzt ein vollständig zertifizierter Personal Trainer und habe zahlreiche Kunden trainiert, die erstaunliche Ergebnisse erzielt haben.

Heute besitzen und betreiben mein Bruder Alex Kaplo (ebenfalls zertifizierter Personal Trainer) und ich dieses Verlagsprojekt, in dem wir leidenschaftliche und erfahrene Au-toren zusammenbringen, um über Gesundheits- und Fitnessthemen zu schreiben. Wir betreiben auch eine Online-Fitness-Website „HelpMeWorkout.com". Ich würde mich freuen, wenn ich Sie einladen darf, diese Website zu besuchen und sich für unseren E-Mail-Newsletter anmelden (Sie erhalten sogar ein kostenloses Buch).

Zu guter Letzt, wenn Sie in der Position sind, in der ich einmal war und Sie etwas Hilfe wünschen, zögern Sie nicht und fragen Sie... Ich werde da sein, um Ihnen zu helfen!

Ihr Freund und Coach,

George

KaploZertifizierter Personal

Trainer

Ein anderes Buch kostenlos erhalten

Ich möchte mich bei Ihnen für den Kauf dieses Buches bedanken und Ihnen ein weiteres Buch (genauso lang und wertvoll wie dieses Buch), „Gesundheits- & Fitnessfehler, von denen Sie nicht wissen, dass Sie sie machen", völlig kostenlos anbieten.

Besuchen Sie den untenstehenden Link, um sich anzumelden und es zu erhalten:

www.hmwpublishing.com/gift

In diesem Buch werde ich die häufigsten Gesundheits- und Fitnessfehler aufschlüsseln, die einige von Ihnen wahrscheinlich begehen, und ich werde zeigen, wie Sie sich leicht in die beste Form Ihres Lebens bringen können.

Zusätzlich zu diesem wertvollen Geschenk haben Sie auch die Möglichkeit, unsere neuen Bücher kostenlos zu bekommen, Werbegeschenke zu erhalten und andere wertvolle E-Mails von mir zu erhalten. Besuchen Sie hier den Link, um sich anzumelden:

www.hmwpublishing.com/gift

Copyright 2018 von HMW Publishing - Alle Rechte vorbehalten.

Dieses Dokument von HMW Publishing im Besitz der Firma A&G Direct Inc ist darauf ausgerichtet, genaue und zuverlässige Informationen in Bezug auf das behandelte Thema und den behandelten Sachverhalt bereitzustellen. Die Publikation wird mit dem Gedanken verkauft, dass der Verlag keine buchhalterischen, behördlich zugelassenen oder anderweitig qualifizierten Dienstleistungen erbringen muss. Wenn rechtliche oder berufliche Beratung erforderlich ist, sollte eine in diesem Beruf praktizierte Person bestellt werden.

Aus einer Grundsatzerklärung, die von einem Ausschuss der American Bar Association und einem Ausschuss der Verlage und Verbände gleichermaßen angenommen und gebilligt wurde.

Es ist in keiner Weise legal, Teile dieses Dokuments in elektronischer Form oder in gedruckter Form zu reproduzieren, zu vervielfältigen oder zu übertragen. Das Aufzeichnen dieser Veröffentlichung ist strengstens untersagt, und eine Speicherung dieses Dokuments ist nur mit schriftlicher Genehmigung des Herausgebers gestattet. Alle Rechte vorbehalten.

Die hierin bereitgestellten Informationen sind wahrheitsgemäß und konsistent, da jede Haftung in Bezug auf Unachtsamkeit oder auf andere Weise durch die Verwendung oder den Missbrauch von Richtlinien, Prozes-sen oder Anweisungen, die darin enthalten sind, in der alleinigen und vollständigen Verantwortung des Lesers des Empfängers liegt. In keinem Fall wird der Herausgeber für Reparaturen, Schäden oder Verluste aufgrund der hierin enthaltenen Informationen direkt oder indirekt rechtlich verantwortlich oder verantwortlich gemacht.

Die hierin enthaltenen Informationen werden ausschließlich zu Informationszwecken angeboten und sind daher universell. Die Darstellung der Informationen erfolgt ohne Vertrag oder Garantiezusage.

Die verwendeten Marken sind ohne Zustimmung und die Veröffentlichung der Marke ist ohne Erlaubnis oder Unterstützung durch den Markeninhaber. Alle Warenzeichen und Marken in diesem Buch dienen nur zu Erläuterungszwecken und gehören den Eigentümern selbst und sind nicht mit diesem Dokument verbunden.

Für weitere Bücher besuchen Sie bitte:

HMWPublishing.com

www.ingramcontent.com/pod-product-compliance
Lightning Source LLC
LaVergne TN
LVHW011731060526
838200LV00051B/3122